WOLFSTETTER · VERFAHREN DER KALKULATION

Traditionelle und moderne Verfahren der Kalkulation

Prof. Dipl.-Kfm. Günter Wolfstetter

Centaurus-Verlagsgesellschaft
Pfaffenweiler 1994

Die Deutsche Bibliothek – CIP-Einheitsaufnahme

Wolfstetter, Günter:
Traditionelle und moderne Verfahren
der Kalkulation / Günter Wolfstetter. –
Pfaffenweiler: Centaurus Verl.-Ges., 1994
  ISBN 3-89085-932-1

Satz und Umschlaggestaltung: DTP-Studio, Antje Philippi-Käfer, Staufen i. Br.
Druck: Difo-Druck GmbH, Bamberg

Vorwort

Die vorliegende Broschüre beschreibt in straffer und übersichtlicher Form anhand vieler Zahlenbeispiele und Übungen traditionelle und moderne Verfahren der Kalkulation.

Die anwendungsorientierte und verständliche Darstellung soll auch kleineren und mittleren Unternehmen die Umsetzung der Kalkulationsmethoden in die betriebliche Praxis ermöglichen.

Hinweise, Anregungen und Kritik zu der Schrift sind willkommen!

Herbst 1994   Der Verfasser

Inhalt

1 Aufgaben der Kalkulation

1.1 Überblick

Es kann zwischen äußeren/marktpolitischen und inneren/betriebspolitischen Aufgaben unterschieden werden. Als äußere Aufgabe wird die Preiskalkulation verstanden, die insbesondere der Ermittlung

- der Preisuntergrenze,
- der Preisobergrenze und
- verordnungsgerechter Preise

dient.

Als innere Aufgabe wird die Kostenvergleichskalkulation angesehen. Mit ihrer Hilfe soll z. B. die Frage beantwortet werden, welches der möglichen Verfahren bei der Herstellung eines bestimmten Produktes anzuwenden ist.

1.2 Preisuntergrenze

Hauptaufgabe der Preiskalkulation ist die Errechnung der Preisuntergrenze. Es ist also der Preis festzustellen, der nicht unterschritten werden darf, wenn ein Verlust vermieden werden soll. In Zeiten der Unterbeschäftigung werden die Unternehmen nicht auf der Deckung der vollen Kosten bestehen. Die Betriebe werden einen absoluten Verlust hinnehmen, wenn dadurch ein relativer Gewinn erzielt werden kann. Ein solcher Gewinn wird erwirtschaftet, wenn der Preis die proportionalen Kosten (= absolute Preisuntergrenze) übersteigt.

Beispiel:

Preis	=	7,–	DM/Stck.
Gesamtkosten	=	9,–	DM/Stck.
vermeidbare Kosten	=	5,50	DM/Stck.
Relativer Gewinn	=	Preis ./. proportionale Kosten	
	=	7,– ./. 5,50 = 1,50 DM/Stck.	
Absoluter Verlust	=	Preis ./. Gesamtkosten	
	=	2,–	DM/Stck.

Das Beispiel zeigt, daß die Auftragsannahme für den Betrieb von Vorteil war, da andernfalls ein absoluter Verlust in Höhe der fixen Kosten (9,– ./. 5,50 = 3,50 DM/Stck.) entstanden wäre.

1.3 Preisobergrenze

1.3.1 Monopol

4   Für Betriebe, die eine Monopolstellung besitzen, läßt sich eine fest-bestimmbare Preisobergrenze nicht angeben. Grundsätzlich kann festgestellt werden, daß die Obergrenze wesentlich über dem Preis liegt, zu dem verkauft wird.

Der Monopolbetrieb muß berücksichtigen, daß eine Beziehung zwischen Produktpreisen und Absatzmengen besteht. Die Beziehung, die sich als eine Vielzahl von Preis- und Absatzkombinationen darstellt, wird »Preis-Absatzfunktion« genannt.

1.3.2 Vertretbare Sachen

5   Die kalkulatorische Ermittlung einer Preisobergrenze ist dann nicht erforderlich, wenn Erzeugnisse einen allgemein bekannten Marktpreis besitzen. Zu denken ist dabei in erster Linie an vertretbare Sachen (§ 91 BGB = bewegliche Sachen, die im Verkehr nach Zahl, Maß oder Gewicht bestimmt zu werden pflegen). In diesen Fällen stimmen Preisobergrenze und Marktpreis überein.

1.3.3 Differenzierte Erzeugnisse

6   Die kalkulatorische Bestimmung der Obergrenze kommt u. U. dann in Betracht, wenn die Erzeugnisse so differenzierter Natur sind, daß sich ein Marktpreis nicht ohne weiteres zu bilden vermag, andererseits die Ähnlichkeit der von verschiedenen Betrieben hervorgebrachten Erzeugnisse doch so groß ist, daß die Betriebe im Wettbewerb stehen. Bei der Ermittlung der Preisobergrenze stellt der Betrieb zunächst die Spanne zwischen den *eigenen Kosten* und dem bekanntgewordenen *Konkurrenz-Preis* eines Erzeugnisses fest. Anschließend errechnet er den höchstmöglichen Gewinnaufschlag,

von dem häufig angenommen wird, daß er auch für die anderen Erzeugnisarten Bedeutung hat.

Beispiel:
Produkt I

Eigene Kosten	:	40,30	DM/Stck.
Konkurrenz-Preis	:	45,13	DM/Stck.
Spanne	:	4,83	DM/Stck.

Gewinnaufschlag: $\dfrac{4,83 \times 100}{40,30} = 12\%$

	Produkt II	Produkt III
Eigene Kosten	27,85 DM/Stck.	53,25 DM/Stck.
Aufschlag 12%	3,34 DM/Stck.	6,39 DM/Stck.
Preisobergrenze	31,19 DM/Stck.	59,64 DM/Stck.

1.4 Verordnungsgerechte Preise

Gelegentlich werden öffentliche Aufträge zu Selbstkostenpreisen vergeben. So sieht z. B. die»Verordnung über die Preise bei öffentlichen Aufträgen« die Vereinbarung von Selbstkostenpreisen vor, wenn marktgerechte Preise im Wettbewerb nicht gebildet werden können. Die Ermittlung der Selbstkostenpreise hat aufgrund besonderer, für die Preisermittlung erlassener Vorschriften zu erfolgen. Danach müssen Selbstkostenpreise z. B. auf die angemessenen Kosten des Auftragnehmers bei wirtschaftlicher Betriebsführung und zweckmäßiger Arbeitsgestaltung abgestellt sein.   7

1.5 Kalkulatorischer Verfahrensvergleich

Der Verfahrensvergleich wird oft mit Hilfe verfeinerter Methoden der Kostenträgereinheitsrechnung vorgenommen. Die Verfeinerung wird dadurch erreicht, daß die Kostenarten in stärkerem Maße als   8

in der herkömmlichen Kalkulation in der Form von Einzelkosten
erfaßt werden.

Beispiel: Ausschußkosten

9   Unter Ausschußkosten werden die Aufwendungen für Fehlstücke
verstanden. Die Ausschußkosten werden je Gutstück ermittelt (K_k).
Bei Ausschußfertigung sollen die je Fehlstück aufgelaufenen Herstellkosten K_{hk} mit 4,– DM/Stck. verloren sein. Bei Ermittlung der
verlorenen Kosten ist eine etwaige Rückgewinnung (B.: Einschmel-
zen) bzw. ein etwaiger Erlös (B.: Schrottverkauf) zu berücksichtigen. Ausschußziffer k = 0,08 = 8 %; das bedeutet, daß von 100 Stük-
ken immer 8 Stücke unbrauchbar sein sollen.

$$K_k = \frac{k}{1 - k} \times K_{hk}$$

$$K_k = \frac{0,08}{1 - 0,08} \times 4 = \frac{0,32}{0,92} = \underline{0,348 \text{ DM/Gutstück}}$$

2 Vor-, Nach-, Zwischen-Kalkulation

Mit Hilfe der Vorkalkulation bestimmt der Betrieb vor Aufnahme   10
der Produktion die voraussichtlichen Kosten einer Leistungseinheit. Bei der Ermittlung der Kosten bedarf es einer engen Zusam-
menarbeit mit der Fertigungsvorbereitung, die die bei der Herstellung eines Gutes einzusetzenden Stoff- und Zeitmengen plant
(Stückliste; Arbeitsplan).

Die Nachkalkulation wird nach Abschluß der Fertigung durch-   11
geführt. Der Betrieb will die entstandenen Kosten/Einheit feststellen. Er wird dazu auf Lohn- und Materialscheine, Rechnungen usw.
zurückgreifen.

Die Ergebnisse der Nachkalkulation werden genauer sein als die
durch die Vorkalkulation bestimmten Werte, da Zeit- und/oder
Stoffmengen ursprünglich zu hoch oder zu niedrig veranschlagt
worden sein können und u. U. Materialpreise sowie Tarife gegen-
über dem früheren Ansatz eine Änderung erfahren haben.

Die Zwischenkalkulation ist ihrem Wesen nach eine Nachkalku-   12
lation. Sie erstreckt sich jedoch nicht auf einen Gesamtauftrag, sondern auf abgeschlossene Fertigungsabschnitte. Die Kalkulation
wird in erster Linie durchgeführt, wenn die Produktionsdauer sehr
lang ist. Der Betrieb will auf diese Weise Voranschlag und Selbstkosten miteinander vergleichen, um eventuellen Verlusten rechtzei-
tig begegnen zu können.

3 Einfache Divisionskalkulation

13 Die Divisionskalkulation wird in einfacher Form vollzogen, wenn der Betrieb einheitliche Leistungen erbringt. Die Kalkulation erfolgt daher in Einproduktunternehmen, die (meist) Massenfertigung betreiben. Bei der Divisionskalkulation werden die Gesamtkosten eines Abrechnungszeitraums auf die während der gleichen Periode erbrachte Gesamtleistung bezogen:

$$\text{Kosten/Einheit} = \frac{\text{Gesamtkosten/Periode}}{\text{Gesamtleistung/Periode}}$$

Aufgabe:

Herstellung	=	3.000 LE/Periode
FM-Kosten	=	8.000 DM/Periode
FL-Kosten	=	6.000 DM/Periode
Gemeinkosten	=	10.000 DM/Periode

Lösung:

$$\text{Kosten/Einheit} = \frac{24.000 \text{ DM}}{3.000 \text{ LE}} = 8 \text{ DM/LE}$$

14 In der Nachkalkulation werden oft die Herstellkosten durch die Zahl der hergestellten Einheiten geteilt. Die Verwaltungs- und Vertriebskosten werden dagegen durch die Zahl der abgesetzten Einheiten dividiert.

Aufgabe:

Herstellung	=	4.000 LE/Periode
Absatz	=	5.000 LE/Periode
Herstellkosten	=	20.000 DM/Periode
Verwaltungs- und		
Vertriebs-Kosten	=	5.000 DM/Periode

Lösung:

20.000 DM	:	4.000 LE	=	5 DM/LE
5.000 DM	:	5.000 LE	=	1 DM/LE
Kosten/Einheit			=	6 DM/LE

4   Äquivalenzziffern-Rechnung

4.1   Wesen

15   Die Äquivalenzziffern-Rechnung stellt eine verfeinerte Form der Divisionskalkulation dar. Diese Rechnung wird gewählt, wenn der Betrieb Produkte herstellt, die zwar nicht einheitlich sind, aber doch in einem festen Kostenverhältnis zueinander stehen, das durch Äquivalenzziffern zum Ausdruck gebracht werden kann. Eine Äquivalenzziffern-Rechnung kann erfolgen, wenn die Herstellung der Erzeugnisse auf gleicher Rohstoffgrundlage und gleichem bzw. ähnlichem Produktionsgang beruht. Die Durchführung der Rechnung ist also möglich, wenn die verschiedenen Erzeugnisse untereinander verwandt sind.

4.2   Gliederung

16   Bei der summarischen Rechnung erfolgt die Verteilung der Kosten unter Berücksichtigung nur einer Äquivalenzziffernreihe. Im Rahmen der differenzierenden Rechnung werden Kostengruppen nach verschiedenen Äquivalenzziffern-Reihen verteilt.

17   Eine vollständige Rechnung ist gegeben, wenn sämtliche Kosten auf der Basis der Äquivalenzziffern zur Verteilung gelangen. Eine teilweise Rechnung liegt dagegen vor, wenn die Äquivalenzziffernrechnung nur einen Teil der Kosten erfaßt.

4.3   Durchführung

18   Jede Sorte erhält eine Äquivalenzziffer zugeordnet. Dabei bekommt i.d.R. die gangbarste Sorte – die sog. Bezugssorte – die Ziffer 1. Nach der Bestimmung der Äquivalenzziffern sind Verrechnungszahlen als rechnerische Erzeugungsmengen zu ermitteln, indem man die tatsächlichen Produktmengen mit den zugehörigen Verhältniszahlen multipliziert. Anschließend ist die Kostensumme durch die Summe der Verrechnungszahlen zu dividieren. Wir erhalten die Kosten einer Einheit der Bezugssorte.

Danach erfolgt eine Multiplikation der Kosten/Einheit der Bezugssorte mit den Ausgleichsziffern der anderen Sorten.

Das Ergebnis entspricht den Einheitskosten der übrigen Erzeugnisarten, da die Multiplikationsfaktoren die Höhe der relativen Kostenverursachung der verschiedenen Sorten wiedergeben. Die Gesamtkosten der verschiedenen Produkte ergeben sich, wenn wir deren Einheitskosten mit den tatsächlichen Mengen multiplizieren bzw. durch Multiplikation der Einheitskosten der Bezugssorte mit der jeweiligen rechnerischen Stückzahl!

Beispiel: Summarische/vollständige Rechnung
Gesamtkosten = 5.400 DM

Sorte	Stück-zahl	Verkaufs-preis	Ziffer	Verrech-nungs-zahl	Selbst-Kosten/ Einheit	Gesamt kosten
1	4.200	0,16	0,3	1.260	0,09677	407
2	2.800	0,58	1,2	3.360	0,38710	1.084
3	6.000	0,50	1	6.000	0,32258	1.935
4	3.600	0,85	1,7	6.120	0,54839	1.974
—	—	—	—	16.740	—	5.400

20   *Beispiel:* Differenzierende/teilweise Rechnung
Nachstehend sollen (nur) die
- Fertigungsmaterialkosten (FM);
- Herstellkosten ohne FM

in Form der Äquivalenzziffern-Rechnung kalkuliert werden. Die
Verwaltungs- und Vertriebsgemeinkosten sind dagegen mit Hilfe
der sich aus der Stellenrechnung ergebenden Zuschlagssätze zu verrechnen.

Fertigungsmaterialkosten (FM):

Sorte	Stückzahl	Ziffer	Verrechnungs-zahl	FM (DM)	FM (DM/Stck.)
1	115.000	1	115.000	34.500	0,30
2	23.000	1,2	27.600	8.280	0,36
3	48.000	0,3	14.400	4.320	0,09
4	59.000	1,7	100.300	30.090	0,51
—	—	—	257.300	77.190	—

77.190 : 257.300 = 0,30 DM/Stck.

0,3 × 1,2 = 0,36 DM/Stck.
0,3 × 0,3 = 0,09 DM/Stck.
0,3 × 1,7 = 0,51 DM/Stck.

115.000 × 0,30 = 34.500 = 115.000 × 0,30
23.000 × 0,36 = 8.280 = 27.600 × 0,30
48.000 × 0,09 = 4.320 = 14.400 × 0,30
59.000 × 0,51 = 30.090 = 100.300 × 0,30

Herstellkosten (HK):

Sorte	Stück-zahl	Ziffer	Verrech-nungs-zahl	HK ohne FM (DM)	HK ohne FM (DM/Stck.)	HK mit FM (DM/Stck.)
1	115.000	9	1.035.000	8.280,–	0,0720	+0,30 = 0,3720
2	23.000	4	92.000	736,–	0,0320	+0,36 = 0,3920
3	48.000	2,2	105.600	844,–	0,0176	+0,09 = 0,1076
4	59.000	1	59.000	472,–	0,0080	+0,51 = 0,5180
–	–	–	1.291.600	10.332,–	–	–

10.332   : 1.291.600 =   0,008 DM/Stck.

$$0,008 \times 9 = 0,0720 \text{ DM/Stck.}$$
$$0,008 \times 4 = 0,0320 \text{ DM/Stck.}$$
$$0,008 \times 2,2 = 0,0176 \text{ DM/Stck.}$$

115.000	×	0,0720	=	8.280,–	=	1.035.000	×	0,008
23.000	×	0,0320	=	736,–	=	92.000	×	0,008
48.000	×	0,0176	=	844,–	=	105.600	×	0,008
59.000	×	0,0080	=	472,–	=	59.000	×	0,008

Selbstkosten für 100 Stück – Sorte :   1   2   3   4

Herstellkosten   : 37,20 39,20 10,76 51,80 DM

+ 12 % Verw.- und
    Vertr.-Kosten   : 4,46   4,70   1,29   6,22 DM

                                    41,66 43,90 12,05 58,02 DM

5 Herkömmliche Zuschlagskalkulation

5.1 Überblick

Im Rahmen der Zuschlagskalkulation kann die Gemeinkostenver- 21
teilung durch summarische oder differenzierende Zurechnung auf
die Kostenträger erfolgen. Die Differenzierung kann nach Kostenarten oder Kostenstellen vorgenommen werden.

Zuschlagskalkulation

summarische-   differenzierende Zurechnung

Kostenarten   Kostenstellen

Eine Verfeinerung der Zuschlagsrechnung ist zu erreichen, wenn
man nach Art und Stelle differenziert, also ein kombiniertes Verfahren benutzt.

5.2 Ziel

Die Verteilung der Kosten soll nach dem Verursachungsprinzip er- 22
folgen.

Die Zurechnung der Kosten auf *die* Kostenträger, die sie verursacht haben, kann nur dann mit größtmöglicher Genauigkeit erfolgen, wenn auch die Gemeinkosten richtig verteilt werden. Es ist
deshalb zunächst eine Kostenzerlegung in Einzel- und Gemeinkosten notwendig. Dabei bemühen sich die Betriebe, einen möglichst großen Teil der Gesamtkosten als Einzelkosten auszuweisen,
da jede Zurechnung von Kosten auf die Träger mit Hilfe eines Zu-
schlages weniger genau ist.

Die Genauigkeit der Zuschlagsrechnung ist selbstverständlich
auch abhängig von der exakten Erfassung der Einzel- und Gemein-

kosten. Besondere Bedeutung hat die Ermittlung der Einzelkosten, da diese einen wesentlichen Bestandteil der Gesamtkosten ausmachen.

5.3 Summarische Rechnung

23   Die summarische Rechnung kann auf verschiedene Weise erfolgen. Allen Formen ist gemein, daß sämtliche Gemeinkosten des Betriebes mit Hilfe eines einzigen Zuschlagssatzes verteilt werden.

Bei der Errechnung des Zuschlagssatzes wird die Summe der Gemeinkosten auf eine Basis bezogen. Der zu wählende einheitliche Verteilungsschlüssel kann ein Wert- oder Mengenschlüssel sein. Es wird dabei stillschweigend vorausgesetzt, daß einer Veränderung der Basisschlüsselgröße eine entsprechende Veränderung der Gemeinkosten folgt. Es ist offensichtlich, daß diese Unterstellung in aller Regel nicht zutreffen wird.

Es bleibt auch zu beachten, daß die summarische Rechnung nur dann zur Anwendung kommen kann, wenn die verschiedenen Kostenträger die Stellen mindestens annähernd gleichmäßig in Anspruch nehmen.

Wertschlüssel
Als Wertschlüssel kommen insbesondere die gesamten *Einzelkosten* oder bestimmte Einzelkosten in Frage.

Beispiel:	Gesamtgemeinkosten	40.000 DM
	Gesamteinzelkosten	100.000 DM
	Gemeinkosten in % der	
	Einzelkosten (Zuschlagssatz)	40 %

Kalkulation:	Gesamteinzelkosten	50,– DM/LE
	Gemeinkosten (40 % der	
	Einzelkosten)	20,– DM/LE
	Gesamtkosten	70,– DM/LE

Mengenschlüssel

Manche Betriebe bevorzugen Mengenschlüssel. Als Schlüsselgrößen dienen in diesem Falle Stück, Gewicht, Maschinenstunden, Fertigungsstunden usw.

Beispiel:

Gemeinkosten	10.000 DM
Stückzahl	50.000 Stck.

$$\text{Zuschlag } \frac{10.000}{50.000} = 0{,}20 \text{ DM/Stck.}$$

Kalkulation für eine Fertigung von 60 LE:

Materialkosten	20,– DM
Lohnkosten	15,– DM
	35,– DM
Gemeinkosten	
(0,20 DM/LE × 60 LE)	12,– DM
	47,– DM

5.4 Differenzierende Rechnung

5.4.1 Differenzierung nach der Art der Gemeinkosten

Bei dieser Form der Differenzierung bildet man aus artverwandten Gemeinkosten Gruppen, ermittelt unter Zugrundelegung verschiedener Verteilungsschlüssel individuelle Zuschlagssätze und verrechnet anhand der Sätze die Gemeinkosten auf die Kostenträger. 24

Bei der beschriebenen Methode kommt der Kostenaufgliederung nach Kostenarten und der folgenden Zusammenfassung der Arten zu Gemeinkostengruppen besondere Bedeutung zu. Die Kostenverteilung wird mit zunehmender Zahl der Gemeinkostengruppen genauer. Bei der Festlegung der Zahl der Gruppen dürfen Wirtschaftlichkeitsüberlegungen nicht außer Betracht bleiben.

Die Differenzierung nach der Art der Gemeinkosten kann nur dann zur Anwendung kommen, wenn die Erzeugnisse die Stellen mindestens annähernd gleichmäßig in Anspruch nehmen.

Beispiel:

Gruppe I		Gruppe II	
Art 1	= 1.000 DM	Art 4	= 800 DM
Art 2	= 2.000 DM	Art 5	= 200 DM
Art 3	= 500 DM	Art 6	= 1.400 DM
Summe Kosten	3.500 DM	Summe Kosten	2.400 DM
Basis: FL	= 1.000 DM	Basis: FM	= 1.200 DM
Zuschlagssatz =	350%	Zuschlagssatz =	200%

Kalkulation:

Fertigungslohn-Kosten (FL)	80,– DM/LE
Fertigungsmaterial-Kosten (FM)	100,– DM/LE
Gemeinkosten:	
I 350% v.FL	280,– DM/LE
II 200% v.FM	200,– DM/LE
Kosten	660,– DM/LE

5.4.2 Differenzierung nach Kostenstellen

25   Im Rahmen der Stellenrechnung werden die Gemeinkosten auf die Orte der Kostenentstehung verteilt. Bei der Verteilung der Kosten auf die Stellen ist es das Bestreben der Betriebe, möglichst viele Kostenarten direkt zu verrechnen, d. h. die schlüsselmäßige Verteilung von Gemeinkosten auf Stellen zu vermeiden. Das setzt eine möglichst weitgehende Stellengliederung voraus.

Die im Betriebsabrechnungsbogen (BAB I) auf den Kostenstellen gesammelten Gemeinkosten werden verschiedenen Schlüsselgrößen (= Zuschlagsbasen) gegenübergestellt, z. B. die Vertriebsgemeinkosten den Herstellungskosten der fakturierten Leistungen. Wir erhalten bei der Gegenüberstellung die für die Kalkulation erforderlichen Zuschlagssätze.

Gemeinkostenzuschläge der Fertigungsstellen (Werkstätten) bezeichnen wir als Werkstattzuschläge. Werkstattzuschläge werden nur auf die Kostenträger verrechnet, die die jeweilige Werkstatt in Anspruch genommen haben.

Die für die Material-, Verwaltungs- und Vertriebsstelle ermittelten Zuschläge sind dagegen Betriebszuschläge. Mit den Betriebszuschlägen wird jede vom Betrieb erzeugte Leistungseinheit belastet.

Dabei findet das folgende Schema Anwendung:

FM	+ MGK	=	Materialkosten MK
FL	+ FGK	=	Fertigungskosten FK
		+	SEK der Fertigung
		=	Herstellkosten HK
		+	VWGK
		+	VTGK
		+	SEK des Vertriebs
		=	Selbstkosten SK

Beispiel:

			BAB I
Kostenarten	Zahlen der Buchhaltung	Material-Bereich	Fertigungs-
			FST I
	123.000	20.000	30.000
Zuschl.-Basis	—	150.000 FM	31.579 FL
Zuschl.-Satz	—	13%	95%

FM	=	2.400 DM/LE		FM	2.400
FL I	=	1.500 DM/LE		MGK	312
FL II	=	3.100 DM/LE		FL I	1.500
				FGK I	1.425
				FL II	3.100
				FGK II	3.875

	Herstellungskosten HK	12.612

Bereich FST II	Verwaltungs-Bereich	Vertriebs-Bereich
40.000	21.000	22.000
32.000 FL	250.000 HK	250.000 HK
125%	8%	9%

Übertrag	12.612
VWGK	1.009
VTGK	1.135
Selbstkosten SK	14.756 DM/LE

5.4.3 Kombination

26   Die Zuschlagsrechnung kann weiter verfeinert werden, wenn man die bisher besprochenen Verfahren (Differenzierung nach der Art der Gemeinkosten; Stellenrechnung) kombiniert.

In diesem Falle werden die Gemeinkosten zunächst auf Stellen verteilt, um anschließend innerhalb der Stellen zu Gruppen artverwandter Kosten zusammengefaßt zu werden. Den Gruppen wird jeweils eine Basis gegenübergestellt. Daraus resultieren Zuschlagssätze, die die Kalkulation jeweils artverwandter Kosten ermöglichen.

In der Praxis wird die beschriebene differenzierende Behandlung der Gemeinkostenarten innerhalb einer Kostenstelle in aller Regel jedoch nicht durchgeführt. Diese Methode hat sich als zu aufwendig erwiesen. Es bleibt auch zu beachten, daß eine gewisse Gliederung nach Kostenarten im Rahmen der Stellenrechnung schon dadurch gegeben ist, als auf den verschiedenen Kostenstellen in erster Linie bestimmte Kostenarten auftreten.

Beispiel:

BAB I (Auszug)		
Fertigungs-Kostenstelle I		
Kosten-Arten	Gruppe I	Gruppe II
1	500 DM	
2	700 DM	
3	400 DM	
4		900 DM
5		300 DM
6		200 DM
Summe 3.000 DM	1.600 DM	1.400 DM
Zuschlagsbasis	300 Maschinen-stunden	400 Fertigungs-stunden
Zuschlagssatz	5,33 DM/MStd.	3,50 DM/FStd.

I: Zeitaufwand = 3 MStd./LE
II: Zeitaufwand = 5 FStd./LE

I: FGK = 3 × 5,33   = 15,99 DM/LE

II: FGK = 5 × 3,50   = 17,50 DM/LE

Summe FGK   = 33,49 DM/LE

6 Kalkulation mit Gruppengemeinkosten

6.1 Ziel

27   In Mehrproduktbetrieben nehmen die einzelnen Erzeugnisgruppen die verschiedenen Stellen i.d.R. nicht in gleichem Maße in Anspruch. Die in der Selbstkostenrechnung erzielten Ergebnisse müssen folglich ungenau sein, wenn für alle Erzeugnisgruppen ein einheitlicher Stellenzuschlag zum Ansatz kommt.

Um diesen Nachteil zu vermeiden, werden die durch die Erzeugnisgruppen unterschiedlich verursachten Gemeinkosten gesondert erfaßt und differenziert zugeschlagen. In der Kostenträgereinheitsrechnung werden also die anfallenden Gemeinkosten nicht mit Hilfe eines globalen Zuschlagssatzes, sondern unter Anwendung individueller Zuschläge den Erzeugnisgruppen zugerechnet.

6.2 Durchführung

28   Die auf die verschiedenen Erzeugnisgruppen entfallenen Gemeinkosten sind jeweils auf eine geeignete Basis zu beziehen. Neben dem Stellenzuschlag sind somit Gruppenzuschläge zu ermitteln. Anschließend wird der Stellenzuschlag mit den verschiedenen Gruppenzuschlägen in individuellen Zuschlagssätzen für die einzelnen Erzeugnisgruppen vereinigt.

Gesamte Vertriebsgemeinkosten		75.000,– DM
davon 1. Stellen-GK		60.000,– DM
2. Gruppen-GK (z. B. Werbekosten)		
a) Gruppe I		5.000,– DM
b) Gruppe II		2.500,– DM
c) Gruppe III		4.000,– DM
d) Gruppe IV		3.500,– DM

Gesamte Herstellkosten		675.000,– DM
davon a) Gruppe I		200.000,– DM
b) Gruppe II		125.000,– DM
c) Gruppe III		250.000,– DM
d) Gruppe IV		100.000,– DM

BAB I (Auszug) Vertriebsgemeinkosten					
		Gruppen			
	Stelle	I	II	III	IV
Summe der GK	60.000	5.000	2.500	4.000	3.500
Herstellkosten	675.000	200.000	125.000	250.000	100.000
Zuschlagssätze: Stellen-GK Gruppen-GK Individuelle	8,89% —	— 2,5%	— 2,0%	— 1,6%	— 3,5%
Sätze		11,39%	10,89%	10,49%	12,39%

7   Retrograde Kalkulation

7.1   Wesen

29   Die retrograde Kalkulation geht von einem Endwert aus und leitet von diesem Wert einen davorliegenden Wert ab.

Im Gegensatz zur retrograden Kalkulation steht die progressive Rechnung, die die Ermittlung des Endwertes zum Ziel hat:

$$
\begin{array}{ll}
\text{FM} & \\
+ \text{MGK} & \text{Stoffkosten} \\
\text{FL} & \\
+ \text{FGK} & \text{Fertigungskosten} \\
= \text{HK} & \\
+ \text{VWGK} & \\
+ \text{VTGK} & \\
= \text{SK} & \\
+ \text{Gewinn} & \\
= \text{Verkaufspreis} &
\end{array}
$$

(Retrograd ← / Progressiv →)

7.2   Durchführung

30   Ein Gegenstand wird aus 177 kg FM hergestellt. Anhand der folgenden Daten soll – ausgehend vom Verkaufspreis des Gegenstandes – mit Hilfe der retrograden Kalkulation festgestellt werden, wieviel 100 kg FM maximal kosten dürfen.

Gegeben:

Verkaufspreis:	408,61	DM/Stck.
Gewinn:	10 %	der Selbstkosten
VWGK/VTGK	10,4 %	der Herstellkosten
Fertigungslohn:	63,50	DM/Stck.
FGK:	215 %	(Basis FL)
MGK:	11,4 %	(Basis FM)

Lösung:

	Verkaufspreis	:	408,61 DM/ Stck.
./.	Gewinn	:	37,15

	Selbstkosten		371,46 DM/ Stck.
./.	VWGK/VTGK	:	34,99

	Herstellkosten		336,47 DM/ Stck.
./.	FL 63,50		
	+ FGK 136,53	:	200,03

	Stoffkosten		136,44 DM/ Stck.
./.	MGK		13,96

	FM		122,48 DM/ 177 kg

177 kg	=	122,48 DM
100 kg	=	69,20 DM

8 Maschinenstundensatz-Rechnung (MSR)

8.1 Mangel der herkömmlichen Zuschlagskalkulation

31 Die herkömmliche Zuschlagskalkulation führt bei der Errechnung der Fertigungsgemeinkosten (FGK) der vom Betrieb hergestellten Erzeugnisse i.d.R. zu ungenauen Ergebnissen. Der im Rahmen der Kostenstellenrechnung ermittelte FGK-Zuschlag wird für alle Kostenträger, die die Leistung der Kostenstelle in Anspruch nehmen, herangezogen. Eine solche Abrechnung führt zu einer unzutreffenden Belastung der Produkte, wenn die Erzeugnisse die Anlagen der Stelle nicht gleichmäßig beanspruchen und die eingesetzten Maschinen unterschiedlich hohe Kosten auslösen. Die FGK/Leistungseinheit werden zu hoch angesetzt, wenn die Arbeiten auf der Maschine ausgeführt werden, die niedrigere Kosten verursacht. Die Kosten werden bei der Kalkulation dagegen in zu geringer Höhe berücksichtigt, wenn die Fertigung auf einer hohe Kosten verursachenden Maschine erfolgt.

8.2 Wesen der MSR

Um den genannten Mangel weitgehend auszuschließen, wurde die   32
MSR als eine Kalkulationsmethode für den Fertigungsbereich ent-
wickelt. Bei der Durchführung der MSR werden die unmittelbar
maschinenabhängigen Kosten aus den Fertigungsgemeinkosten ge-
löst und – entsprechend dem Einsatz der Maschine – mit Hilfe des
Maschinenstundensatzes auf die Kostenträger gesondert verrechnet. Zu den unmittelbar maschinenabhängigen Kosten werden
dabei meist kalk. Abschreibung, kalk. Zins, Raum-, Instandhal-
tungs-, Energie- und Werkzeugkosten gezählt. Die auf den Fertigungsstellen verbleibenden Gemeinkosten, die sog. Rest-Ferti-
gungsgemeinkosten, werden in herkömmlicher Weise der Leistungseinheit zugeschlagen.

8.3 Kalkulation der Fertigungskosten

33   *Gegeben:*

Meisterschaften

Fertigungs-stelle	Zum Einsatz gekommene Maschine
Meisterschaft 1	X
Meisterschaft 2	Y

Fertigungs-stelle	Rest-FGK/Monat
Meisterschaft 1	4.000 DM
Meisterschaft 2	6.000 DM

Montageabteilung
a) Es sind 6 FStd. je LE aufzuwenden.
b) Fertigungslohn =   9,00 DM/FStd.
c) FGK   = 8.000 DM/Monat
d) Zuschlagsbasis = 2.000 FStd./Monat

Dauer des Maschinen- einsatzes	Stundensatz
4 Std./LE	14,00 DM/MStd.
6 Std./LE	29,63 DM/MStd.

Zuschlagsbasis/ Monat	Fertigungslohn
8.000 DM Fertigungslohn	40,00 DM/LE
3.000 DM Maschinenstd.	60,00 DM/LE

Lösung:

Bestimmung der Zuschlagssätze für Meisterschaften und Montage

Meisterschaft 1: 4.000 DM/Mt. von 8.000 DM/FL = 50%
Meisterschaft 2: 6.000 DM/Mt.   :   3.000 MStd. = 2 DM/MStd.
Montage: 8.000 DM/Mt.   :   2.000 FStd.   = 4 DM/FStd.

Kalkulation der Fertigungskosten/LE

Meisterschaft 1: FL   = 40,00 DM
                maK 4 × 14 DM   = 56,00 DM
                R-FGK: 50% v. 40 DM = 20,00 DM

                                              116,00 DM/LE

Meisterschaft 2: FL   = 60,00 DM
                maK 6 × 29,63 DM   =177,78 DM
                R-FGK 6 × 2 DM   = 12,00 DM

                                              249,78 DM/LE

Montage: FL 6 × 9 DM   = 54,00 DM
                FGK 6 × 4 DM   = 24,00 DM

                                  =   78,00 DM/LE

                                            443,78 DM/LE

9 Plankalkulation

9.1 Kostenrechnungssysteme

Als Kostenrechnungssysteme der Industrie sind Istkosten-Rech- 34
nung, Normalkosten-Rechnung und Plankosten-Rechnung bekannt. Wenn diese Systeme sich auch im Wesen unterscheiden,
kann doch eine weitgehende Identität der zur Anwendung kom-
menden Rechentechnik festgestellt werden.

9.2 Einzelkosten

In welcher Höhe Fertigungsmaterial-Kosten als Trägereinzelkosten 35
geplant werden, hängt u. a. von dem gewählten Anspannungsgrad
ab, der darüber Auskunft gibt, wie großzügig die Stoffmengen bei
der Kalkulation zu bemessen sind. Die geplanten Mengen sind mit
Planpreisen zu bewerten, die meist als Verrechnungspreis auf der
Grundlage der effektiven Marktpreise gebildet werden.

Um die Fertigungslohn-Kosten ermitteln zu können, müssen
Zeitmengen und Lohnsätze bekannt sein. Die Mengen lassen sich
mit Hilfe einer Zeitstudie feststellen. Die Lohnsätze werden unter
Berücksichtigung der durch die Arbeitsbewertung gewonnenen Er-
kenntnisse bestimmt.

9.3 Gemeinkosten

Der Verrechnung der Gemeinkosten auf die Kostenträger dienen 36
Plankostensätze, die in den Stellen-Kostenplänen errechnet werden.
Zur Ermittlung der Zuschlagssätze werden die Basisplankosten
durch die Plan-Bezugsgröße dividiert.

Den für die Verrechnung der Plan-Materialgemeinkosten erfor- 37
derlichen Plankostensatz erhält man, wenn die Materialgemeinkosten auf die Plan-Materialeinzelkosten oder auf Plan-Fertigungs-
material-Mengen bezogen werden.

Die Plankostensätze der Fertigungsstellen ergeben sich aus der
Gegenüberstellung der Plan-Fertigungsgemeinkosten mit den ge-

planten Fertigungslöhnen bzw. geplanten Maschinen- oder Fertigungsstunden. Die Plankostensätze für die Verrechnung der Plan-
Verwaltungs- und Plan-Vertriebsgemeinkosten werden i.d.R. auf
der Grundlage der Planherstellkosten der geplanten umgesetzten
Leistung ermittelt.

9.4 Kalkulations-Schema

38   (1) Plan-Materialeinzelkosten
     (2) Plan-Materialgemeinkosten

---

(3) Plan-Materialkosten (1) + (2)
(4) Plan-Fertigungslohnkosten
(5) Plan Fertigungsgemeinkosten

---

(6) Plan-Fertigungskosten (4) + (5)
(7) Plan-Herstellkosten (3) + (6)
(8) Plan-Verwaltungs- und Vertriebskosten

---

(9) Plan-Selbstkosten (7) + (8)

Oftmals wird der Fertigungslohn nicht für eine Leistungseinheit,
sondern für die Planbeschäftigung einer Kostenstelle geplant. Dann
geht der Fertigungslohn in den Plankostensatz der Stelle ein und
wird zusammen mit den Fertigungsgemeinkosten auf die Kostenträger verrechnet.

9.5 Zuschlagskalkulation

Gegeben: 39
1. Basis-Plankosten = Plankosten der Plan-Beschäftigung

FM = 500 LE × 3 kg/LE = 1.500 kg × 4 DM/kg = 6.000 DM
FL = 500 LE × 2 FStd./LE = 1.000 FStd. × 9 DM/FStd. = 9.000 DM

MGK   =   3.000 DM ⎫
FGK   = 12.000 DM ⎪
VWGK = 4.000 DM ⎬ aus: Stellenkostenplan
VTGK = 2.000 DM ⎭

2. Plan-Bezugsgrößen = Quantitativer Ausdruck der Plan-Beschäftigung

Material-Bereich   = 500 LE × 3 kg FM/LE = 1.500 kg FM
Fertigungs-Bereich   = 500 LE × 1 MStd./LE =   500 MStd.
Verwaltungs-Bereich ⎫ = Planherstellkosten der (geplanten)
Vertriebs-Bereich   ⎭ = umgesetzten Leistung von 500 LE

Lösung:
Plankostensätze
Material-Bereich   =   3.000 DM : 1.500 kg FM = 2 DM/kg FM
Fertigungs-Bereich = 12.000 DM :   500 MStd. = 24 DM/MStd.

Planherstellkosten/LE
FM   =   12 DM   (3 kg × 4 DM/kg)
MGK   =   6 DM   (3 kg × 2 DM/kg)
FL   =   18 DM   (2 FStd. × 9 DM/FStd.)
FGK   =   24 DM   (1 MStd. × 24 DM/MStd.)
_____
HK   =   60 DM/LE

Planherstellkosten der (geplanten) umgesetzten Leistung
60 DM/LE × 500 LE = 30.000 DM

Plankostensätze

VW-Bereich $= \dfrac{4.000}{30.000} \times 100 = 13,33\%$

VT-Bereich $= \dfrac{2.000}{30.000} \times 100 = 6,67\%$

Planselbstkosten/LE

HK	=	60 DM
VWGK	=	8 DM (13,33% von 60 DM)
VTGK	=	4 DM (6,67% von 60 DM)

SK/LE	=	72 DM/LE

10 Deckungsbeitragskalkulation

10.1 Wesen

Auf lange Sicht muß jedes Unternehmen seine Fixkosten gedeckt   40
erhalten, wenn es lebensfähig bleiben will; das bedeutet, daß eine
Kalkulation zu Proportionalkosten nicht zu dem Preis führen kann,
der beim Verkauf eines Artikels anzustreben ist.

Bei Anwendung der Deckungsbeitragsrechnung müssen Methoden, die die Auflösung der unterproportionalen Kosten in ihren
fixen und proportionalen Anteil ermöglichen, bekannt sein (Beispiel
Energiekosten: fix = Grundgebühr; proportional = Verbrauchs-
kosten).

Der Kostenauflösung dienen das   41
- buchtechnisch-statistische,
- rechnerische (mathematische),
- und grafische Verfahren,
- die Methode der kleinsten Quadrate und
- die Methode der Reihenhälften.

10.2   DB-Kalkulation bei Unterbeschäftigung

42   Die Kalkulation auf der Grundlage von Proportionalkosten erlaubt die Ermittlung der absoluten Preisuntergrenze.

Beispiel:

Fertigungslöhne	20,– DM/LE
Proportionale Fertigungs- gemeinkosten Stelle I	7,– DM/LE
Proportionale Fertigungs- gemeinkosten Stelle II	8,– DM/LE
Fertigungsmaterial	25,– DM/LE
Proportionale Materialgemeinkosten	5,– DM/LE
Proportionale Herstellkosten	65,– DM/LE
Vertreterprovision	7,47 DM/LE
Skonto	2,24 DM/LE
Ausgangsfracht	5,– DM/LE
Absolute Preisuntergrenze	79,71 DM/LE

43   Der Betrieb muß wissen, daß

     a) die Annahme eines Auftrags zu einem unter den proportionalen Kosten liegenden Preis einen zusätzlichen Verlust gegenüber der Ablehnung des Auftrags verursacht;

b) jeder über die absolute Preisuntergrenze hinaus erzielbare Betrag zur Fixkostendeckung beiträgt, also – soweit die Fixkosten noch nicht gedeckt sind – einen relativen Gewinn erwirtschaften läßt.

Beipiel:

Gesamtkosten (= Preisuntergrenze)   =   12,– DM/LE
     davon proportional
     = absolute Preisuntergrenze   =   8,– DM/LE
     davon fix
     – bei normaler Auslastung der Kapazität   =   4,– DM/LE

Preis = 7,– DM/LE
Absoluter Verlust bei Auftragsannahme
     = 12 – 7 = 5,– DM/LE
Absoluter Verlust bei Nichtannahme des Auftrage
     = 12 – 8 = 4,– DM/LE

Preis = 9,– DM/LE
Absoluter Verlust   = 12 – 9 = 3,– DM/LE
Relativer Gewinn   = 9 – 8 = 1,– DM/LE

10.3 DB-Kalkulation bei Vollbeschäftigung

44

	Vorliegende Aufträge			Zu kalkulierender Auftrag
	A	B	C	D
Erlös/ Stück	7,–	10,–	12,–	—
Prop. Kosten/ Stck.	5,50	4,–	10,–	6,–
DB/ Stck.	1,50	6,–	2,–	—
Bearbeitungszeit/ Stck. in Minuten	10	30	20	15
DB pro Minute Bearbeitungszeit	0,15	0,20	0,10	—
Geringster DB pro Minute Bearb.-Zeit	—	—	0,10	—
Mindest-DB/ Stck.	—	—	—	$0,10 \times 15 = 1,50$
Mindestpreis/ Stck.	—	—	—	$6,– + 1,50 = \underline{\underline{7,50\ DM}}$

10.4 DB-Kalkulation bei Engpaßkapazitäten

A + B = nur E-Stelle 2, C = nur Stelle 1, D = Stelle 2 + Stelle 1			45

	Vorl. Auftr.		Zu kalk. Auftr. mit Engpaßkostenstelle 2
	A	B	D
Erlös/Stück	7,–	10,–	—
Prop. Kosten/Stück	5,50	4,–	6,–
DB/Stück	1,50	6,–	—
Bearb.-zeit je St. in Engp.-KSt. 2 in Min.	10	30	10
Bearb.-zeit je Stück (außerhalb d. Engp.-KSt.) in Stelle 1 in Min.	—	—	5
DB pro Minute Bearb.-Zeit in der Engp.-KSt. 2	0,15	0,20	—
Niedrigster DB pro Min. Bearb.-Zeit in Stelle 2	0,15	—	—
Niedrigster DB pro Min. Bearb.-Zeit in Stelle 1	Produkt C = 0,10		
Mindest DM/St. aus Stelle 1	—	—	0,10 × 5 = 0,50
Mindest DB/St. aus Stelle 2	—	—	0,15 × 10 = 1,50
Mindestpreis/Stck.	—	—	6,– + 0,50 + 1,50 = 8,– DM

Produkt C: wie unter 10.3/Vollbeschäftigung beschrieben.

11   Fixkostendeckungsrechnung

11.1 Wesen

46   In einer Blockkostenrechnung werden die Fixkosten geschlossen in die Erfolgsrechnung des Unternehmens übernommen. Man erhält den Netto-Erfolg, wenn von der Summe aller Brutto-Erfolge (=Deckungsbeiträge) die Fixkosten in einem Block abgesetzt werden.

47   Häufig wird die Ansicht vertreten, daß die Fixkosten keinen festen Block bilden, sondern aus Kostenarten bestehen, die mehr oder weniger deckungsbedürftig sind. Diese Überlegung hat zur Fixkostendeckungsrechnung geführt, die eine weitgehende Differenzierung des Fixkostenblocks in Fixkostenschichten vorsieht.

11.2 Bedeutung

48   Die schichtenweise Verteilung der Fixkosten soll davon Kenntnis geben, wie weit die verschiedenen Erzeugnisse an der Fixkostendeckung beteiligt sind. Es soll deutlich werden, ob die einzelnen Produkte die durch sie verursachten Fixkosten decken und in welchem Umfang die Erzeugnisse zur Deckung der allgemeinen Fixkosten des Unternehmens bzw. zur Erzielung eines Gewinns beitragen.

11.3 Fixkostenschichten

49   Wenn auch die Differenzierung der Fixkosten weitgehend anerkannt ist, besteht doch keine Übereinstimmung über die Zahl der zu bildenden Fixkostenschichten.

Man unterscheidet häufig:
- Erzeugnis-Fixkosten von
- Erzeugnisgruppen-Fixkosten,
- Kostenstellen-Fixkosten,
- Bereichs-Fixkosten und
- Unternehmens-Fixkosten.

Erzeugnis-Fixkosten werden durch ein bestimmtes Erzeugnis verursacht.
Beispiel: Kosten für Patente, die dem Betrieb das Recht zur alleini-
gen Herstellung einer Produktart geben.

Erzeugnisgruppen-Fixkosten sind nicht einem Erzeugnis, wohl aber
einer Erzeugnisgruppe direkt zurechenbar.
Beispiel: Kalkulatorische Zinsen auf Anlagen, die der Fertigung
nur einer Gruppe von Erzeugnissen dienen.

Kostenstellen-Fixkosten können nicht einem Erzeugnis oder einer
Erzeugnisgruppe, aber einer Kostenstelle unmittelbar angelastet
werden.
Beispiel: Gehalt des Meisters der Stelle.

Bereichs-Fixkosten lassen sich nur einem Stellenbereich direkt zu-
rechnen.
Beispiel: Gehalt des für den Bereich verantwortlichen Ingenieurs.

Unternehmens-Fixkosten sind die Fixkosten, die bisher nicht verteilt werden konnten.
Beispiel: Kosten der Unternehmensleitung und des Werkschutzes.

11.4 Ergebnisrechnung

50

Bereich			I		
Stelle		1			
Träger-gruppe	1		2		3
Träger	A	B	C	D	E
DB I	17.700	22.600	47.500	44.300	15.100
Erzeug-nis-K_f	—	1.500	—	18.600	2.000
DB II	17.700	21.100	47.500	25.700	13.100
Gruppen-K_f	22.100		52.700		12.200
DB III	16.700		20.500		15.600
StellenK_f	7.200				
DB IV	30.000				
Bereichs-K_f	20.000				
DB V	40.000				
Untern.-K_f					
Ergebnis					

			II	Gesamt
2			3 + 4	
	4		5 – 8	
F	G	H	J–N	
17.000	12.400	16. 800	87.800	281.200
2.300	1.200	—	12.800	38.400
14.700	11.200	16.800	75.000	242.800
	8.000		15.000	110.000
	20.000		60.000	132.800
5.600			10.000	22.800
30.000			50.000	110.000
			10.000	30.000
			40.000	80.000
				32.000
				48.000

11.5 Retrograde und progressive Kalkulation

51   Es sollen die retrograde Kalkulation und die progressive Kalkulation für das in der Ergebnisrechnung genannte Erzeugnis E durchgeführt werden. Alle dort für E gegebenen Beträge beziehen sich auf 1.000 Leistungseinheiten. Der Preis des Erzeugnisses soll 45,10 DM/LE, seine proportionalen Kosten 30 DM/LE betragen.

52   a) Retrograde Kalkulation Fixkosten
Fixkosten in % der DB

DB I	15.100	=	100	%	
	2.000	=	13,2	%	= Erzg.-K_f
DB II	27.800	=	100	%	
	12.200	=	43,9	%	= Gruppen-K_f
DB III	35.600	=	100	%	
	5.600	=	15,7	%	= Stellen-K_f
DB IV	60.000	=	100	%	
	20.000	=	33,3	%	= Bereichs-K_f
DB V	80.000	=	100	%	
	32.000	=	40	%	= Untern.-K_f

Durchführung

	Preis	45,10	DM/LE	
./.	Prop. Kosten	30,–	DM/LE	
=	DB I	15,10	DM/LE	
./.	Erzg.-K_f	1,99	DM/LE	(13,2%)
=	DB II	13,11	DM/LE	
./.	Gruppen-K_f	5,76	DM/LE	(43,9%)
=	DB III	7,35	DM/LE	
./.	Stellen-K_f	1,15	DM/LE	(15,7%)
=	DB IV	6,20	DM/LE	
./.	Bereichs-K_f	2,06	DM/LE	(33,3%)
=	DB V	4,14	DM/LE	
./.	Untern.-K_f	1,66	DM/LE	(40%)
=	Gewinn	2,48	DM/LE	

b) Progressive Kalkulation

53

Fixkosten in % der prop. Kosten

Prop. Kosten	30,–	DM	=	100	%
Erzg.-K_f	1,99	DM	=	6,63	%
Prop. Kosten	30,–	DM	=	100	%
Gruppen-K_f	5,76	DM	=	19,20	%
Prop. Kosten	30,–	DM	=	100	%
Stellen-K_f	1,15	DM	=	3,83	%
Prop. Kosten	30,–	DM	=	100	%
Bereichs-K_f	2,06	DM	=	6,87	%
Kosten	30,–	DM	=	100	%
Untern.-K_f	1,66	DM	=	5,53	%

Durchführung

	Prop. Kosten	30,–	DM/LE	
+	Erzg.-K_f	1,99	DM/LE	(6,63 %)
+	Gruppen-K_f	5,76	DM/LE	(19,20 %)
+	Stellen-K_f	1,15	DM/LE	(3,83 %)
+	Bereichs-K_f	2,06	DM/LE	(6,87 %)
+	Untern.-K_f	1,66	DM/LE	(5,53 %)
		42,62	DM/LE	
+	Gewinn	2,48	DM/LE	
=	Preis	45,10	DM/LE	

12 Selbstkostenkalkulation mit mehreren Methoden

12.1 Bedeutung

54 Es wird immer wieder die Frage gestellt, ob bei der Bestimmung der Selbstkosten einer Leistungseinheit (LE) mehrere Kalkulationsmethoden eingesetzt werden können. Grundsätzlich gilt, daß ein solches Vorgehen sinnvoll ist, wenn dadurch dem Verursachungsprinzip besser als sonst Rechnung getragen wird. Welche Methoden im konkreten Einzelfall benutzt werden sollen, ist unter den jeweiligen betrieblichen Verhältnissen zu entscheiden. Danach werden i.d.R. kaum mehr als zwei Kalkulationsarten – z. B. herkömmliche Zuschlagskalkulation und Maschinenstundensatz-Rechnung – herangezogen.

12.2 Durchführung

55 Es sind die Selbstkosten für eine Leistungseinheit (LE) der Erzeugnisart A zu bestimmen. Dabei sollen

- die Material-Gemeinkosten mit Hilfe der Äquivalenzziffern-Rechnung;
- die Verwaltungs-Gemeinkosten und die Fertigungs-Gemeinkosten der nicht maschinenintensiven Kostenstelle »Montage« in Form der herkömmlichen Zuschlagskalkulation;
- die Fertigungs-Gemeinkosten der Meisterschaften unter Anwendung der Maschinenstundensatz-Rechnung;
- die Vertriebs-Gemeinkosten als Gruppen-Gemeinkosten

kalkuliert werden.

Gegeben:

Einzelkosten

a) Fertigungsmaterialkosten (FM)   =   180,– DM/LE

b) Fertigungslohnkosten (FL)

Meisterschaft 1	=	60,– DM/LE
Meisterschaft 2	=	30,– DM/LE
Montage-Abteilung	=	50,– DM/LE

2.) Gemeinkosten

a) Material-Gemeinkosten (MGK)   =   800,– DM/Monat

Erzeugnis	Stückzahl	Äquivalenzziffer (Äz)
A	30	1,2
B	20	0,8
C	40	1,0

b) Verwaltungs-Gemeinkosten (VwGK) = 7.425,– DM/Monat

Zuschlagsbasis
= Herstellkosten (HK)   =   67.500,– DM/Monat

c) Fertigungs-Gemeinkosten (FGK)

	Maschine	Einsatzzeit	MStd.-Satz
Meisterschaft 1	X	4 MStd.	12,– DM/MStd.
Meisterschaft 2	Y	6 MStd.	9,– DM/MStd.

	Rest-FGK	Zuschlagsbasis
Meisterschaft 1	6.000 DM/Monat	12.000 DM FL/Monat
Meisterschaft 2	5.000 DM/Monat	2.500 MStd./Monat

Montage-Abteilung:	Zeit	=	8 FStd./LE
	FGK	=	20.000,– DM/Monat
	Basis	=	5.000 FStd./Monat

d) Vertriebs-Gemeinkosten (VtGK)

	Stelle			
VtGK	6.750,–	—	—	—
VtGK	—	750,–	300,–	800,–
HK	67.500,–	—	—	—
davon	—	37.500,–	10.000,–	20.000,–

(Alle Angaben in DM/Monat)

Lösung:

56   1) MGK

Sorte	tats. Stückzahl	ÄZ	Verrechnungszahl	Einheitskosten	Gesamtkosten
A	30	1,2	36	10,44	313,–
B	20	0,8	16	6,96	139,–
C	40	1,0	40	8,70	348,–
			92		800,–

57   2) Zuschlagsatz: Verwaltungsgemeinkosten (VwGK)

$$VwGK = \frac{7.425*100}{67.500} = 11\ \%$$

3) Zuschlagssätze: Fertigungsgemeinkosten (FGK)   58

$$\text{Meisterschaft } 1 = \frac{6.000,-\text{DM}}{12.000,-\text{DM FL}} * 100 = 50\,\% \text{ (Basis FL)}$$

$$\text{Meisterschaft } 2 = \frac{5.000,-\text{DM}}{2.500\,\text{MStd.}} = 2,-\text{DM/MStd.}$$

$$\text{Montage} \quad = \frac{20.000,-\text{DM}}{5.000\,\text{FStd.}} = 4,-\text{DM/FStd.}$$

4) Zuschlagssätze: Vertriebsgemeinkosten (VtGK)   59

	Stelle	Gruppe A	Gruppe B	Gruppe C
GK	6.750	750	300	800
HK	67.500	37.500	10.000	20.000
GK-Satz	10%	—	—	—
GK-Satz	—	2%	3%	4%
Indiv. Zuschl.-Sätze		12%	13 %	14%
Gobaler Satz[1]		12,7%	12,7%	12,7%
Absoluter Fehler =		+ 0,7%	– 0,3%	– 1,3%
relativer Fehler =				
Genauigkeitsgrad		5,51% [2]	2,36%	10,24%

[1] $\dfrac{67.500}{8.600} = \dfrac{100}{12,7}\,\%$ [2] $\dfrac{12,7}{0,7} = \dfrac{100}{5,51}\,\%$

60   5) Kalkulation

	FM	180,–	DM/LE	
+	MGK	10,44	DM/LE	
Meisterschaft 1 :				
+	FL	60,–	DM/LE	
+	m. a. K.	48,–	DM/LE	(4 * 12,–)
+	Rest-FGK	30,–	DM/LE	(50 % vom FL)
Meisterschaft 2 :				
+	FL	30,–	DM/LE	
+	m. a. K.	54,–	DM/LE	(6 * 9,–)
+	Rest-FGK	12,–	DM/LE	(6 * 2,–)
Montage :				
+	FL	50,–	DM/LE	
+	FGK	32,–	DM/LE	(8 * 4,–)
=	Herstellkosten	506,44	DM/LE	
+	VwGK	55,71	DM/LE	(11 % von HK)
+	VtGK	60,77	DM/LE	(12 % von HK)
=	Selbstkosten	622,92	DM/LE	

13 Kalkulatorischer Verfahrensvergleich

13.1 Zweck

Mit einer Verfahrensänderung wird ein Betrieb u. a. zu erreichen su-   61
chen:

- Verminderung der Unfallgefahr
- Senkung der Fertigungszeiten
- Verbesserung der Güte der Erzeugnisse
- Herabsetzung der Kosten
- Entlastung der Arbeitskräfte

Ob und ggf. in welchem Umfang das gesteckte Ziel erreicht werden kann, muß durch Vergleich von zwei (oder mehreren) Verfahren geprüft werden.

Im Rahmen des Verfahrensvergleiches wird meist das bisher angewendete Verfahren einem anderen Verfahren gegenübergestellt.

Ob das in der Vergangenheit geübte Verfahren günstiger als das geplante Verfahren ist, kann durch einen Verfahrensvergleich nur festgestellt werden, wenn der Arbeitszweck – z. B. die Herstellung eines bestimmten Erzeugnisses – unverändert bleibt.

13.2 Methoden

Unterschiedsrechnung:

Dieses Verfahren besteht aus der Ermittlung des Unterschiedes   62
zweier Größen. Die Größen können Zeiten oder Kosten bedeuten und sich auf einen Zeitabschnitt (Beispiel: Kalendermonat) oder eine Leistungseinheit (Beispiel: Werkstück) beziehen.

$$D = V1 - V2$$

Bewertungsrechnung:

63   Die Vergleichsgrößen bestehen in der Regel aus mehreren Teilgrößen. Bei Gleichheit der Vergleichsgrößen kann mit Hilfe der Bewertungsrechnung die Höhe einer Teilgröße ermittelt werden.

Beispiel:
Die Herstellung eines Erzeugnisses ist nach 2 Verfahren möglich. Der Betrieb hat festgestellt, daß bei geringer Kapazitätsausnutzung das Verfahren 1, bei großer Kapazitätsauslastung das Verfahren 2 kostengünstiger ist.

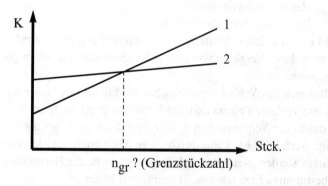

Verfahren 1:   fixe Kosten/Zeitabschnitt $- K_{f1}$
                prop. Kosten/Stck. $- K_1$
Verfahren 2:   fixe Kosten/Zeitabschnitt $- K_{f2}$
                prop. Kosten/Stck. $- K_2$

$$K_{f1} + n_{gr} \times K_1 = K_{f2} + n_{gr} \times K_2$$

$$K_{f1} - K_{f2} = n_{gr} (K_2 - K_1)$$

$$\boxed{n_{gr} = \frac{K_{f1} - K_{f2}}{K_2 - K_1}}$$

13.3 Durchführung

Maschinenbelegung:

Es ist unter Kostengesichtspunkten zu entscheiden, ob Maschine A 64
oder Maschine B zum Einsatz kommen soll.

Dabei ist zu berücksichtigen, daß beide Maschinen im Betrieb vorhanden und unterbeschäftigt sind. Ihre fixen Kosten werden anfallen, unabhängig davon, welche Maschine belegt wird. '

Es ist eine Form zu kaufen, die nach Fertigung der Auftragsmenge keinen Restwert besitzen soll. Da ein auftragsgebundenes Werkzeug benutzt wird, war der Maschinenstundensatz um die Kosten der Normalwerkzeuge zu kürzen.

Für beide Maschinen ist der gleiche Fertigungslohn/Zeiteinheit aufzuwenden.

Gegeben:

	Masch. A		Masch. B
Prop. Kosten	14,–	DM/MStd.	19,–
Fixe Kosten	8,–	DM/MStd.	11,–
Maschinenstundensatz	22,–	DM/MStd.	30,–
Bearbeitungszeit	0,9	Min./LE	0,6
Menge	30.000	LE	30.000
Form	6.000	DM	8.000
Fertigungslohn	18,–	DM/Std.	18,–

Lösung:

	Maschine A	Maschine B
Prop. Kosten	0,9 min × 0,23 DM/min = 0,21 DM/LE	0,6 min × 0,32 DM/min = 0,19 DM/LE
Formkosten	6.000 DM : 30.000 LE = 0,20DM/LE	8.000 DM : 30.000 LE = 0,27 DM/LE
FL-Kosten	0,9 min × 0,3 DM/min. = 0,27 DM/LE	0,6 min × 0,3 DM/min = 0,18 DM/LE
Gesamt- Kosten/LE	= 0,68 DM/LE	= 0,64 DM/LE

Die Maschine B soll zum Einsatz kommen.

Transportplanung:

65 Der Betrieb kann zwischen den Verfahren 1 (= manueller Transport) und Verfahren 2 (= Einsatz eines Transportmittels) wählen. Entscheiden Sie unter Kostengesichtspunkten, ob Verfahren 1 oder Verfahren 2 zur Anwendung kommen soll.

Gegeben:

Verfahren 1: Arbeitskosten   11.800   DM/Jahr
              Verschiedene Gemeinkosten   3.200   DM/Jahr

Verfahren 2: Einstandspreis (= Wiederbeschaffungswert)
              des Transportmittels   28.000   DM
              Fixe Kosten/Jahr in Prozent vom
              Wiederbeschaffungswert:
                  Kalk. Abschreibung   10   %/Jahr
                  Kalk. Zins   10   %/Jahr *)
                  Versicherungskosten   2,5   %/Jahr
              Proportionale Kosten/Jahr:
                  Kraftstoffkosten   1.200   DM/Jahr
                  Bedienungskosten   5.000   DM/Jahr
                  Instandhaltungskosten   800   DM/Jahr
Rationalisierungsertrag   8.000   DM/Jahr

*) Hinweis: Bei der Bestimmung der Kalk. Zinsen/Jahr ist von dem während der Nutzungsdauer der Anlage durchschnittlich gebundenen Kapital auszugehen:

Gebundenes Kapital (DM)

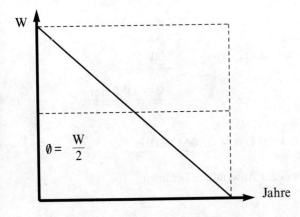

Lösung:

Kosten Verfahren 1:

Arbeitskosten	11.800 DM/Jahr
Versch. Gemeinkosten	3.200
	15.000 DM/Jahr

Kosten Verfahren 2:

Kalk. Abschreibung	
28.000 DM : 10 Jahre	2.800 DM/Jahr
Kalk. Zins	
28.000 DM : 2 × 10 %	1.400
Versicherungskosten	
28.000 DM × 2,5 %	700
	4.900 DM/Jahr fixe Kosten

Kraftstoffkosten	1.200 DM/Jahr
Bedienungskosten	5.000
Instandhaltungskosten	800
	7.000 DM/Jahr prop. Kosten

Gesamtkosten:

fixe Kosten	4.900 DM/Jahr
prop. Kosten	7.000
./. Rationalisierungsertrag	8.000
	3.900 DM/Jahr

Kostenersparnis zu Verfahren 1:
15.000 DM ./. 3.900 DM = 11.100 DM/Jahr

Verfahren 2 soll zur Anwendung kommen.

14 Übungen

14.1 Differenzierende/teilweise Äquivalenzziffern-Rechnung

66

Gegeben:

1. Materialkosten
   = 240.000,– DM

2. Fertigungskosten
   = 180.000,– DM

Sorte	Tatsächliche Stückzahl	ÄZ
1	12.000	1,0
2	9.000	1,2
3	4.000	2,1
4	7.000	0,8

Sorte	Tatsächliche Stückzahl	ÄZ
1	12.000	0,9
2	9.000	1,0
3	4.000	1,6
4	7.000	1,2

3. Verwaltungs- und Vertriebskosten = 8 % der HK

Lösung:

a) Materialkosten (MK)

Sorte	Tatsächliche Stückzahl	Ziffer	Verrech- nungszahl	MK	Kosten/Stück.
1	12.000	1,0	12.000	78.260	6,52
2	9.000	1,2	10.800	70.435	7,82
3	4.000	2,1	8.400	54.783	13,69
4	7.000	0,8	5.600	36.522	5,22
—	—	—	36.800	240.000	—

b) Fertigungskosten (FK)

Sorte	Tatsächliche Stückzahl	Ziffer	Verrechnungszahl	FK	Kosten/Stück.
1	12.000	0,9	10.800	56.185	4,68
2	9.000	1,0	9.000	46.821	5,20
3	4.000	1,6	6.400	33.295	8,32
4	7.000	1,2	8.400	43.699	6,24
—	—	—	34.600	180.000	—

c) Selbstkosten (DM/Stück)

Sorte:	1	2	3	4
Herstellkosten (MK+FK)	11,20	13,02	22,01	11,46
+ 18 % Verwaltungs- und Vertriebskosten	0,90	1,04	1,76	0,92
	12,10	14,06	23,77	12,38

Inhalt:

Kostenauflösung

Maschinenstundensatzrechnung

Teilflexible Vollplankostenrechnung

Deckungsbeitragsrechnung

Fixkostendeckungsrechnung

Selbstkostenkalkulation mit
 mehreren Methoden

Verrechnung von Innenleistungen

Zahlenbeispiele – Übungen –

Formelsammlungen – Abbildungen –

Literaturverzeichnis –

Stichwortverzeichnis –

Abkürzungsverzeichnis

Prof. Dipl.-Kfm.
Günter Wolfstetter

Moderne Verfahren der Kostenrechnung

4. neu bearbeitete und ergänzte Auflage,
207 Seiten, 29,80 DM
Centaurus Verlagsgesellschaft mbH,
Pfaffenweiler 1993
ISBN 3-89085-865-1

14.2 Kalkulation mit Gruppen-Gemeinkosten   67

Gegeben:

Gesamte Vertriebskosten		=	72.000,– DM
davon:	1. Stellen-Gemeinkosten	=	60.000,– DM
	2. Gruppen-Gemeinkosten		
	a) Erzeugnis-Gruppe I	=	2.000,– DM
	b) Erzeugnis-Gruppe II	=	9.000,– DM
	c) Erzeugnis-Gruppe III	=	1.000,– DM

Gesamte Herstellkosten		=	720.000,– DM
davon:	a) Erzeugnis-Gruppe I	=	200.000,– DM
	b) Erzeugnis-Gruppe II	=	450.000,– DM
	c) Erzeugnis-Gruppe III	=	70.000,– DM

Lösung:

	Summe der Stellen – GK	BAB Vertriebsgemeinkosten A
Summe d. GK	60.000 +	2.000
Herstellkosten	720.000 =	200.000
GK-Satz	8,33 %	—
	—	1,00 %
Indiv. Satz	—	9,33 %
Globaler Satz	—	10 %**
Absoluter Fehler	—	+ 0,67 %
Relativer Fehler	—	6,7 %*

* 10 %	=	10 %	** 720.000	=	100 %
0,67 %	=	6,7 %	72.000	=	10 %

	Gruppengemeinkosten		
	B		C
+	9.000	+	1.000
+	450.000	+	70.000
	—		—
	2,00 %		1,43 %
	10,33 %		9,76 %
	10 %		10 %
	- 0,33 %		+ 0,24 %
	3,3 %		2,4 %

68 14.3 Retrograde Kalkulation

Gegeben:

Verkaufspreis	:	250,–	DM/Stück
Gewinn	:	12 %	der Selbstkosten
VWGK	:	10 %	der Herstellkosten
VTGK	:	9 %	der Herstellkosten
FL	:	45,–	DM/Stück
FGK	:	150 %	(Basis: FL)
MGK	:	11 %	(Basis: FM)

Ein Gegenstand wird aus 150 kg FM gefertigt. Es ist zu prüfen, wieviel 100 kg FM maximal kosten dürfen.

Lösung:

Verkaufspreis	250,–
./. Gewinn	26,79
= Selbstkosten	223,21
./. VWGK	18,76
./. VTGK	16,88
= Herstellkosten	187,57
./. FL	45,–
./. FGK	67,50
= Stoffkosten	75,07
./. MGK	7,44
= FM/LE	67,63 DM/150 kg

100 kg = 45,08 DM

14.4 Maschinenstundensatz-Rechnung   69

Es sind die Fertigungskosten einer Leistungseinheit (LE) festzustellen. Dabei ist zu beachten, daß das zu kalkulierende Erzeugnis neben drei Meisterschaften die Montageabteilung durchläuft, die von der Stundensatzrechnung nicht berührt wird.

Gegeben:
Meisterschaften

Fertigungsstelle	Zum Einsatz gekommene Maschine	Dauer des Maschinen- einsatzes	Stundensatz
Meisterschaft 1	X	13 Std./LE	6,– DM/MStd.
Meisterschaft 2	Y	8 Std./LE	5,– DM/MStd.
Meisterschaft 3	Z	6 Std./LE	7,– DM/MStd.

Fertigungsstelle	Rest-FGK DM/Monat	Zuschlags- basis	Fertigungs lohn/LE
Meisterschaft 1	1.000,–	2.000,– DM Fert.-Lohn	100,– DM
Meisterschaft 2	6.000,–	3.000 Masch.-Std.	40,– DM
Meisterschaft 3	720,–	1.200,– DM Fert.-Lohn	80,– DM

Montageabteilung
Es sind 10 Fertigungsstunden je Einheit aufzuwenden. Der Fertigungslohn wird mit 17,– DM/Fertigungsstunde verrechnet.

Die Fertigungsgemeinkosten betragen 3.000,– DM/Monat. Als Zuschlagsbasis sind 1.000 Fertigungsstunden/Monat ausgewiesen.

Lösung:
Bestimmung der Zuschlagssätze

Meisterschaft 1 : $\dfrac{1.000 \text{ DM}}{2.000 \text{ DM}}$ × 100 = 50 %   (Basis = FL)

Meisterschaft 2 : $\dfrac{6.000 \text{ DM}}{3.000 \text{ MStd.}}$ = 2,– DM/MStd.

Meisterschaft 3 : $\dfrac{720 \text{ DM}}{1.200 \text{ DM}}$ × 100 = 60 %   (Basis = FL)

Montage   : $\dfrac{3.000 \text{ DM}}{1.000 \text{ FStd.}}$ = 3,– DM/FStd.

Kalkulation
Meisterschaft 1:

Fertigungslohn	100,– DM/LE	
masch.-abhg. Kosten	78,–	(13 MStd. × 6,– DM/MStd.)
Rest-FGK	50,–	(50 % v. FL)

Meisterschaft 2:

Fertigungslohn	40,–	
masch.-abhg. Kosten	40,–	(8 MStd. × 5,– DM/MStd.)
Rest-FGK	16,–	(8 MStd. × 2,– DM/MStd.)

Meisterschaft 3:

Fertigungslohn	80,–	
masch.-abhg. Kosten	42,–	(6 MStd. × 7,– DM/MStd.)
Rest-FGK	48,–	(60 % v. FL)

Montage

Fertigungslohn	170,–	(10 FStd. × 17,– DM/FStd.)
FGK	30,–	(10 FStd. × 3,– DM/FStd.)

Fertigungskosten/LE 694,– DM/LE

14.5 Plan-Zuschlagskalkulation

70

Ermitteln Sie die Planselbstkosten der Leistungseinheit.

Gegeben:

Basisplankosten

FM	=	400 LE × 2 kg/LE = 800 kg × 6,– DM/kg
	=	4.800,– DM
FL	=	400 LE × 3 FStd./LE = 1.200 FStd. × 8,– DM/FStd.
	=	9.600,– DM
MGK	=	2.000,– DM
FGK	=	10.000,– DM
VWGK	=	3.000,– DM
VTGK	=	2.000,– DM

Planbezugsgrößen

Materialbereich	=	400 LE × 2 kg FM/LE
	=	800 kg FM
Fertigungsbereich	=	400 LE × 2 MStd./LE
	=	800 MStd.
Verwaltungsbereich	=	Planherstellkosten der (geplanten) umgesetzten Leistung von 400 LE
Vertriebsbereich	=	Planherstellkosten der (geplanten) umgesetzten Leistung von 400 LE

Lösung:

Plankostensätze

Material-Bereich : 2.000 DM : 800 kg FM = 2,50 DM/kg FM

Fertigungs-Bereich: 10.000 DM : 800 MStd. = 12,50 DM/MStd.

Planherstellkosten/LE

FM	12,– DM/LE	(2 kg × 6,– DM/kg)
MGK	5,–	(2 kg × 2,50 DM/kg FM)
FL	24,–	(3 FStd. × 8,– DM/FStd.)
FGK	25,–	(2 MStd. × 12,50 DM/MStd.)
HK	66,– DM/LE	

Planherstellkosten der (geplanten) umgesetzten Leistung

66 DM/LE × 400 LE = 26.400 DM

Plankostensätze

VW-Bereich = $\dfrac{3.000}{26.400}$ × 100 = 11,3 %

VT-Bereich = $\dfrac{2.000}{26.400}$ × 100 = 7,6 %

Planselbstkosten

HK	66,– DM/LE
+ 11,3 %	7,46
+ 7,6 %	5,02
SK	78,48 DM/LE

14.6 Deckungsbeitragskalkulation bei annähender Kapazitätsauslastung (Vollbeschäftigung) 71

Gegeben:

	z. Zt. vorliegende Aufträge				zu kalkulierende Aufträge	
	A	B	C	D	E	F
Erlös/Stck. in DM	20,80	24,–	12,–	10,40	–	–
Prop. Kosten/Stck. in DM	9,–	8,–	7,–	6,–	8,–	11,–
DB/Stck. in DM	11,80	16,–	5,–	4,40	–	–
Bearbeitungszeit in Min./Stck.	24	30	6	14	20	48

Lösung:

	z. Zt. vorliegende Aufträge				zu kalkulierende Aufträge	
	A	B	C	D	E	F
DB/Min. Bearbeitungszeit in DM	0,49	0,53	0,83	0,31	—	—
Geringster DB/Min. Bearbeitungszeit in DM			—	0,31	—	—
Mindest-DB/Stck. in DM				—	$0,31 \times 20$ $= 6,20$	$0,31 \times 48$ $= 14,88$
Mindestpreis/Stck. in DM					14,20	25,88

14.7 Fixkostendeckungsrechnung

Es ist die Retrograde Kalkulation für das Erzeugnis D durchzufüh-
ren. Beachten Sie, daß alle für D in der Ergebnisrechnung auf der
folgenden Seite genannten Werte für 1.000 LE gegeben sind.

Ergebnisrechnung

Bereich	I		
Kostenträgergruppe	1		
Kostenträger	A	B	
Bruttoerlös Vertriebseinzelkosten	30.400 1.800	40.100 2.000	
Nettoerlös prop.Erzeugniskosten	28.600 22.300	38.100 31.800	
Deckungsbeitarg I Erzeugnisfixkosten	6.300 1.400	6.300 —	
Deckungs- beirag II Erzeugnisgruppenfixkosten	4.900 11.200 2.500	6.300	
Deckungs- beitrag III Bereichsfixkosten	8.700 14.800 5.100		
Deckungsbeitrag IV Unternehmensfixkosten	9.700		
Periodenergebnis			

		II	Gesamt
2		3 – 6	—
C	D	E – P	—
20.200	50.700	320.800	462.000
800	3.200	12.400	20.200
19.400	47.500	308.400	442.000
17.200	39.400	288.500	399.200
2.200	8.100	19.900	42.800
800	2.200	6.400	10.800
1.400	5.900	13.500	32.000
7.300			
1.200		3.600	7.300
6.100		9.900	24.700
		2.300	7.400
		7.600	17.300
			5.100
			12.200

Lösung:

Ermittlung der Fixkosten in Prozent der DB

DB I	=	8.100	=	100	%	
		2.200	=	27,2	%	→ Erzeugnis-K_f
DB II	=	7.300	=	100	%	
		1.200	=	16,4	%	→ Gruppen-K_f
DB III	=	14.800	=	100	%	
		5.100	=	34,5	%	→ Bereichs-K_f
DB IV	=	17.300	=	100	%	
		5.100	=	29,5	%	→ Unternehmens-K_f

Kalkulation

Preis	50,70	DM/LE	
./. prop. Kosten	42,60		
DB I	8,10		
./. Erzeugnis-K_f	2,20	=	27,2 % v. I
DB II	5,90		
./. Gruppen-K_f	0,98	=	16,4 % v. II
DB III	4,92		
./. Bereichs-K_f	1,70	=	34,5 % v. III
DB IV	3,22		
./. Unternehmens-K_f	0,95	=	29,5 % v. IV
Gewinn	2,27 DM/LE		

14.8 SK-Kalkulation mit mehreren Methoden   73

Errechnen Sie den Verkaufspreis für eine Leistungseinheit der Erzeugnis-Gruppe C.

Dabei sollen
- die MGK mit Hilfe der ÄZR;
- die FGK der nicht maschinenintensiven Kostenstelle »Montage« und die VWGK in Form der herkömmlichen Zuschlagskalkulation;
- die FGK der Meisterschaften unter Anwendung der MSR;
- die VTGK als Gruppengemeinkosten kalkuliert werden.

Gegeben:
Einzelkosten:

FM		128 DM/LE
FL		
Meisterschaft 1 (M 1)	=	32 DM/LE
Meisterschaft 2 (M 2)	=	95 DM/LE
Montage	=	80 DM/LE

Gemeinkosten:

MGK: 63.250 DM/Monat

Sorte	Stückzahl	Ä-Ziffer
Gruppe A	3.200	1,0
Gruppe B	1.600	1,75
Gruppe C	2.200	2,5

FGK:

Stelle	Maschine	Einsatz	MS
M 1	X	5 MStd.	10 DM/MStd.
M 2	Y	9 MStd.	6 DM/MStd.

Montage:	Zeit	=	8 FStd./LE
	FGK	=	72.000 DM/Monat
	Basis	=	12.000 FStd./Monat

VWGK: 18.000 DM/Monat

Zuschlagsbasis = HK = 120.000 DM/Monat

VTGK:

Stelle	Gr. A	B	C	
VTGK	12.000	—	—	—	DM/Monat
VTGK	—	4.000	6.000	5.000	DM/Monat
HK	120.000	—	—	—	DM/Monat
davon	—	50.000	30.000	40.000	DM/Monat

Gewinn: 15 % der SK

Lösung:

Material-Bereich:

Sorte	Stückzahl	Ä-Ziffer	err. Stückzahl
Gr. A	3.200	1,0	3.200
Gr. B	1.600	1,75	2.800
Gr. C	2.200	2,5	5.500
—	—		11.500

Rest-FGK	Basis
8.000 DM/Monat	2.000 MStd./Monat
8.000 DM/Monat	20.000 DM FL/Monat

Kosten/LE	Ges.-Kosten
5,50	17.600
9,63	15.400
13,75	30.250
—	63.250

$$63.250 \; : \; 11.500 \; = \; 5,50$$
$$5,50 \quad \times \quad 2,5 \quad = \quad 13,75$$

Fertigungs-Bereich:

Meisterschaft 1 : $\dfrac{8.000 \text{ DM/Monat}}{2.000 \text{ MStd.}}$ $= 4,- \text{ DM/MStd.}$

Meisterschaft 2 : $\dfrac{8.000 \text{ DM/Monat}}{20.000 \text{ DM FL}}$ $\times \; 100 \; = 40\% \text{ (Basis FL)}$

Montage   : $\dfrac{72.000 \text{ DM/Monat}}{12.000 \text{ FStd.}}$ $= 6,- \text{ DM/FStd.}$

Verwaltungs-Bereich:

$$120.000 \text{ DM} \quad = \quad 100\%$$
$$18.000 \text{ DM} \quad = \quad 15\%$$

Vertriebs-Bereich:

	Stelle	Gr. A	B	C
VTGK	12.000 +	4.000 +	6.000 +	5.000
HK	120.000 =	50.000 +	30.000 +	40.000
Stellen-GK-Satz	10 %	—	—	—
Gruppen-GK-Satz	—	8 %	20 %	12,5 %

Kalkulation C:

FM	128,– DM/LE	
MGK	13,75 DM/LE	

Meisterschaft 1:

FL	32,– DM/LE	
maK (5 × 10)	50,– DM/LE	
Rest-FGK (5 × 4)	20,– DM/LE	102,– DM/LE

Meisterschaft 2:

FL	95,– DM/LE	
maK (9 × 6)	54,– DM/LE	
Rest-FGK (40 % v. 95)	38,– DM/LE	187,– DM/LE

Montage :

FL	80,– DM/LE	
FGK (8 × 6)	48,– DM/LE	128,– DM/LE

Herstellkosten	558,75 DM/LE
VWGK (15 % der HK)	83,81 DM/LE
VTGK (10 + 12,5) = 22,5 % der HK	125,72 DM/LE

Selbstkosten	768,28 DM/LE
15 % Gewinnaufschlag	115,24 DM/LE

= Verkaufspreis	883,52 DM/LE

15 Abkürzungsverzeichnis 74

ÄZR   Äquivalenzziffern-Rechnung

BAB   Betriebsabrechnungsbogen

DB   Deckungsbeitrag

FGK   Fertigungsgemeinkosten
FK   Fertigungskosten
FL   Fertigungslohnkosten
FM   Fertigungsmaterialkosten
FStd.   Fertigungsstunde

GK   Gemeinkosten

HK   Herstellkosten

K_f Fixkosten
kg   Kilogramm

LE   Leistungseinheit

maK   maschinenabhängige (Fertigungsgemein-) Kosten
MGK   Materialgemeinkosten
min   Minute
MK   Materialkosten
MSR   Maschinenstundensatz-Rechnung
MStd.   Maschinenstunde
Mt   Monat

prop.   proportional

n_{gr} Grenzstückzahl

R   Restwert

SEK   Sondereinzelkosten
SK   Selbstkosten
Stck.   Stück
Std.   Stunde

V   Verfahren
VTGK   Vertriebsgemeinkosten
VWGK   Verwaltungsgemeinkosten

W   Wiederbeschaffungswert

16 Literaturverzeichnis 75

ANDREAS/REICHLE   Das Rechnen mit
                   Maschinenstundensätzen
                   Frankfurt/M. 1987

DÄUMLER/GRABE   Deckungsbeitragsrechnung
                   Herne/Berlin 1989

EBERT, G.   Kosten- und Leistungsrechnung
                   Wiesbaden 1989

GRETZ, W.   Mit Deckungsbeiträgen kalkulieren, I + II
                   Betriebsw. Fachinformationen des RKW
                   Frankfurt/M. o. J

HABERSTOCK, L.   Kostenrechnung Bd. 2:
                   (Grenz-) Plankostenrechnung
                   Wiesbaden 1988

KILGER, W.   Flexible Plankostenrechnung und
                   Deckungsbeitragsrechnung
                   Wiesbaden 1988

KLÜMPER, P.   Grundlagen der Kostenrechnung
                   Herne/Berlin 1990

LOOS, G.   Betriebsabrechnung und Kalkulation
                   Herne/Berlin 1993

MELLEROWICZ, K.   Neuzeitliche Kalkulationsverfahren
                   Freiburg 1977

MICHEL/TORSPECKEN Neue Formen der Kostenrechnung
                   München 1989

MOEWS, D. Kosten- und Leistungsrechnung
München 1986

OLFERT, K. Kostenrechnung
Ludwigshafen 1987

REICHLE/ANDREAS Deckungsbeitragsrechnung im
Maschinenbau
Frankfurt/M. 1984

SCHERRER, G Kostenrechnung
Stuttgart 1989

VORMBAUM, H. Kalkulationsarten und
Kalkulationsverfahren
Stuttgart 1977

WENZ, E Kosten- und Leistungsrechnung
Herne/Berlin 1992

WOLFSTETTER, G. Moderne Verfahren der Kostenrechnung:
Kostenauflösung/Maschinenstundensatz-
Rechnung/Plankosten-Rechnung/
Deckungsbeitrags-Rechnung/
Fixkostendeckungsrechnung/
Verrechnung von Innenleistungen
Pfaffenweiler 1993

17 Stichwortverzeichnis

(Textziffern)

(Textziffern)

(Textziffern)

Prof. Dipl.-Kfm.
Günter Wolfstetter

Moderne Verfahren der Kostenrechnung

4. neu bearbeitete und ergänzte Auflage, 207 Seiten, 29,80 DM
Centaurus Verlagsgesellschaft mbH, Pfaffenweiler 1993
ISBN 3-89085-865-1

Inhalt:
Kostenauflösung
Maschinenstundensatzrechnung
Teilflexible Vollplankostenrechnung
Deckungsbeitragsrechnung
Fixkostendeckungsrechnung
Selbstkostenkalkulation mit mehreren Methoden
Verrechnung von Innenleistungen
Zahlenbeispiele – Übungen – Formelsammlungen – Abbildungen
Literaturverzeichnis – Stichwortverzeichnis – Abkürzungsverzeichnis

»... ein ideales Arbeitsmittel für Studenten und Praktiker.«
(Buch und Uni 2/84)

»Die angestellten Überlegungen sind durch eine große Zahl von
Grafiken, Beispielen und Übungen untermauert.«
(Kostenrechnungs-Praxis 3/84)

»Allgemein gelobt wird die praxisnahe Darstellung ...«
(dispo aktuell 4/84)

»... erläutert das Buch prägnant, praxisnah mit einer Fülle von Beispielen, die die sofortige Umsetzung in die eigene Praxis ermöglichen. Nicht nur Studenten, sondern auch Praktiker werden aus dieser Darstellung erheblichen Nutzen ziehen.«
(IHK Kassel 5/84)

»Damit liegt eine in sich geschlossene, praxisnahe, verständliche Darstellung in straffer und übersichtlicher Form vor, die anhand vieler Zahlenbeispiele, Grafiken und Übungen auch kleineren und mittleren Firmen die Anwendung moderner Kostenrechnungsverfahren möglich macht.«
(BBK, Buchführung-Bilanz-Kostenrechnung 21/91)

»..., so daß das Buch auch weiterhin für die Praktiker wertvolle Hinweise und Anleitungen gibt.«
(IHK Lippe zu Detmold 1/92)

»... gelingt es dem Autor, ein kompaktes Lehrbuch zu präsentieren, ...«
(Kostenrechnungs-Praxis 3/92)

»Damit ist das Fachbuch, das wieder eine anwendungsorientierte und verständliche Darstellung gibt, von vielen Praktikern und Studenten als ein Standardwerk zur Kostenrechnung akzeptiert.«
(BBK, Buchführung-Bilanz-Kostenrechnung 21/93)